Frank Geleyn

Monsters van het bloed

Met prenten van Ineke Marynissen

UITGEVERIJ
DE EENHOORN

AVI 6

Tekst: Frank Geleyn
Illustraties en omslagtekening: Ineke Marynissen
Druk: Oranje, Sint-Baafs-Vijve

© 2007 Uitgeverij De Eenhoorn bvba, Vlasstraat 17, B-8710 Wielsbeke
D/2007/6048/18
NUR 282
ISBN-10: 90-5838-409-8
ISBN-13: 978-90-5838-409-6

NEDERLANDSE
KINDERJURY
2008

Ridder Lars

Dit is ridder Lars.
In zijn ene hand heeft hij een groot schild.
In zijn andere hand flitst zijn zwaard.
Van niets of niemand is ridder Lars bang.
Duizend draken heeft hij al gedood.
Grote draken met dikke schubben.
Enge draken met scherpe klauwen en tongen vol vuur.
Ridder Lars vecht tegen sterke vijanden.
Reuzen met dikke, donkere snorren.
Woeste mannen met lange haren en gespierde armen.
Lars hakt hen op zijn dooie gemak een voor een in de pan.
Zo bewaakt ridder Lars het kasteel van koningin Ma Ma.

Staat Lars er alleen voor?

Ridder Lara

Ridder Lara is de zus van ridder Lars.
Ook zij woont in het kasteel van koningin Ma Ma.
Lara heeft een groot schild en een stevig zwaard.
Twee ridders, dat is er een te veel, vindt Lars.
'Je kunt beter het paard zijn, Lara. Of een schildknaap.'
Of een lieve prinses, denkt hij nog.
Maar dat is vast te moeilijk voor Lara.
'Vergeet het!' zegt Lara kordaat.
'Als ridder ben ik geboren. Ridder zal ik zijn.'
En dat is maar goed ook, ook voor Lars.

Er zijn vijanden in de buurt.
Ze zijn met velen.
Ze vallen iedereen aan.
Ridder Lars en ridder Lara moeten samen
vechten tegen de monsters van het bloed.

Tegen wie?

4

De monsters van het bloed

Dit zijn de monsters van het bloed.
Hoeveel monsters zijn er?
Veel te veel!
Overdag verstoppen ze zich.
Ze houden zich stil tot het donker wordt.
Als iedereen slaapt, zwermen ze uit.
Zzzzzzz…
Ze zoeken zoemend naar bloed.
Zoet en warm mensenbloed.
Van niets of niemand zijn ze bang.
Geen ridder, man of vrouw houdt hen tegen.
Ze prikken iedereen met hun zwaard.
Snel zuigen ze hun buik vol bloed.
Wie diep slaapt, merkt er niets van.

Tot de volgende morgen.

Vier bobbels erbij

'Eén, twee, drie, vier. Vier keer hebben ze me geprikt. Twee keer meer dan de vorige nacht!'
Ridder Lars zucht.
Op zijn armen staan nu vier grote bobbels.
Op zijn benen staan twee grote bobbels.
De jeuk is vreselijk.
Ridder Lars krabt en denkt na.
Hoe kan dit?
Hoe komen die monsters over de brede gracht vol water?
Hoe geraken ze door de dikke muren van het kasteel?
Hoe vinden ze de hoge toren waar ik slaap?
Draken vliegen niet zo hoog.
Reuzen springen niet zo ver.
De monsters van het bloed zijn sterk en sluw.
Ze overvallen het kasteel van koningin Ma Ma elke nacht opnieuw.

Hier moet een einde aan komen!

Twee bulten

'Een, twee. Ik heb maar twee bulten! Lars heeft er veel
meer!'
Ridder Lara lacht.
Dit is het bewijs dat de monsters meer schrik hebben van
haar.
Dat is heel normaal.
Een stoere ridder als Lara zie je niet elke dag.
Lara houdt haar schild stevig vast.
Haar zwaard flitst door de lucht.
'Kom maar, monsters!' roept ze. 'Ik hak jullie aan mootjes!
Ik maak puree van jullie! Puree voor de wilde honden.
Puree voor de vissen in de gracht. Ze zullen smullen!'

Zijn de monsters bang voor Lara?

Het lekkerste bloed

De monsters horen ridder Lara niet.
Ze zijn lui en traag.
Ze hebben hun buikje vol bloed.
Zoet en warm mensenbloed.
De monsters slapen diep.
Maar één ding is zeker:
als de nacht valt, zijn ze weer wakker.
Klaarwakker.
Dan vallen ze de toren van Lars en Lara weer aan.
Op zoek naar bloed.
Dik dieprood mensenbloed.
Ridderbloed.

Het lekkerste bloed dat er is.

Gewond

'Wat doe je? Kijk uit!'
Te laat!
Het zwaard van ridder Lara zwiept tegen de
neus van ridder Lars.
'Au!'
Ridder Lars voelt aan zijn neus.
'Lara! Je kunt echt beter het paard zijn.
Of een trouwe schildknaap. Ridder zijn, dat is
niets voor jou!'
Ridder Lars laat zijn neus weer los.
Er drupt bloed op zijn handen.
'Ik ben gewond!'
Een traan rolt over de wang van ridder Lars.
Ook ridders huilen soms, van pijn of van verdriet.

Lara kijkt naar het bloed.
In haar hoofd groeit een plan.

Een plas vol bloed

'Ik heb een idee!' zegt ridder Lara.
Ze haalt een glas water.
Heeft ze dorst?
Helemaal niet.
Ze houdt het glas water onder de neus van ridder Lars.
Er drupt bloed in het glas.
Heel veel bloed.
Het water wordt eerst roze en dan rood.
Ridder Lara lacht.
'Dit is een val. Hiermee vangen we de monsters van het
bloed! Vannacht slurpen ze van het glas. En dan gaan ze
kopje onder. Ze verdrinken in een plas vol bloed.'
Lars is onder de indruk.
Het klinkt als een goed plan.

Maar is het dat ook?

Op jacht naar ridderbloed

Tegen de avond worden de monsters wakker.
Ze scherpen hun zwaard.
En slaan hun vleugels uit.
Eerst vliegen ze nog traag.
Maar dan gaat het steeds sneller.
Ze vliegen recht naar de toren van Lars en Lara.
De monsters van het bloed zijn klaar voor de jacht.
Ze hebben honger.
Honger naar ridderbloed.

Niets gaat boven ridderbloed,
zo lekker warm en zoet.

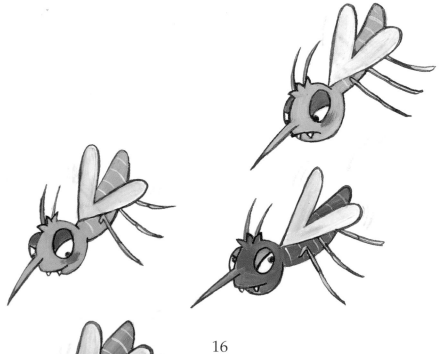

Ridder Lars in bed

Ridder Lars ligt in bed.
Hij is heel erg stil.
Zullen de monsters van het bloed hem aanvallen?
Of drinken ze van het glas naast zijn bed?
Ridder Lars weet het niet.
Maar één ding weet hij wel: volgende keer gaat hij de
monsters te lijf met zijn zwaard.
Lars is een dappere ridder.
Hij heeft al draken verslagen.
Hij heeft al reuzen verjaagd.
De monsters van het bloed krijgt hij ook nog wel
te pakken.

Maar de nacht duurt lang.
Het is donker in de torenkamer.
De ogen van ridder Lars vallen langzaam dicht.

Ridder Lara in bed

Ridder Lara ligt stil in bed.
Ze wacht op de monsters van het bloed.
Die vliegen straks naar het glas vol bloed.
Daar zuigen ze hun buikje vol.
Als ze lekker vol bloed zitten, geeft Lara hen een duwtje.
Plons, het water in.
Hun vleugels worden nat en de monsters gaan kopje
onder.
Het is gedaan met steken!
Dat is hun verdiende loon.
Ridder Lara wacht en wacht.
Waar blijven de monsters toch?

De nacht duurt lang.
Het is donker in de torenkamer.
De ogen van ridder Lara vallen langzaam dicht.

Zoet en warm ridderbloed

Daar zijn de monsters van het bloed.
Ze zijn met velen.
Ze hebben honger.
Vier, vijf, zes monsters vliegen naar ridder Lars.
Een, twee, drie monsters vliegen naar ridder Lara.
Ze zijn op zoek naar bloed.
Zoet en warm ridderbloed.
Het glas zien ze niet eens.
Wie heeft er nou zin in koud bloed?
Wie lust er koud bloed met veel water?
De monsters van het bloed prikken in het zachte
riddervlees.
Ze zuigen hun buikje vol.

Niets gaat boven ridderbloed,
zo lekker warm en zoet.

Oud ridderbloed

'Eén, twee, drie, vier, vijf, zes. Zes keer hebben ze me
geprikt. Vieze monsters!'
Lars krabt en krabt.
Hij krabt tot hij bloedt.
'Au! Nu jeukt het nog meer. En het doet pijn!'
Koningin Ma Ma sluit de ridder in haar armen.
'Waarom drinken die stomme monsters geen ridderbloed
uit een glas?' moppert ridder Lars.
'Je hebt oud ridderbloed nodig,' zegt koningin Ma Ma.
'Oud ridderbloed is niet rood maar wit.
Dat moet je smeren op je armen en je benen.
Daar kunnen die monsters niet tegen.
Maar ik weet niet of er in dit kasteel oud ridderbloed te
vinden is.'

Oud ridderbloed?
Daar hebben Lars en Lara
nog nooit van gehoord.

Kom, op zoek!

'We gaan op zoek!' roept ridder Lara.
Ook zij heeft genoeg van die monsters.
'Is oud ridderbloed van een jongen of van een meisje?'
vraagt ze nog.
Koningin Ma Ma denkt na.
'Van allebei. Dat werkt het best.'
Ridder Lara wil meteen op speurtocht.
Ridder Lars heeft daar niet veel zin in.
Hij likt liever zijn bulten en bobbels.
'Ons kasteel is heel groot,' zegt Lara boos. 'Als je niet
helpt, vinden we misschien helemaal niets.'

Ze heeft gelijk, denkt ridder Lars, ridders moeten elkaar
helpen.
Een voor allen en allen voor een.
Zo hoort dat.

In de kelder

Ridder Lars en ridder Lara gaan samen op zoek.
Ze speuren in alle kamers, ook in de grote ridderzaal.
Maar ridderbloed staat niet zomaar in de kast.
Ten slotte blijft alleen de kelder over.
Hand in hand gaan Lars en Lara langs de smalle
keldertrap naar beneden.
Voorbij de trap is het donker en koud.
Ridder Lara is blij dat ridder Lars bij haar is.
En ridder Lars is blij met ridder Lara.

Maar dat zeggen ze niet.

Voor hun voeten ligt een kist.
In die kist zit een flesje.
Op het etiket staat: Oud ridderbloed.
Lars en Lara knikken: dit is het.
Ze gaan weer naar boven.
Ook koningin Ma Ma knikt: dit is het.
Ridder Lars en ridder Lara smeren hun armen en benen
vol oud, wit ridderbloed.
Het voelt koud aan.
Het ruikt raar, maar niet vies.

Zou het helpen?

Vrij

Als de avond valt, worden de monsters wakker.
Ze zijn klaar voor de aanval.
Ze willen bloed.
Zoet en warm ridderbloed.
Ze vliegen naar de toren van Lars en Lara.
Daar schrikken ze zich rot.
Wat ruiken ze?
Bah! Akelig oud en koud ridderbloed!
Neen, dat lusten ze niet.
Neen, daar kunnen ze niet tegen.

Weg zijn de monsters.
Ze moeten op zoek naar ander mensenbloed.
De kamer van Lars en Lara is vrij.
Vrij van draken, reuzen en monsters van het bloed.
Dankzij twee ridders en een flesje oud ridderbloed.